Collection TIBI
dirigée par Laure de Chantal

T0145767

Le présent vous saute à la gorge ? L'air du temps vous étouffe, vous attire ou vous donne envie de fuir ? Lisez TIBI, petits pamphlets insolents et insolites de la vie quotidienne, qui est souvent la pire des provocations. Parce que tous les sujets ne méritent pas de longs discours, TIBI joue avec l'art du bref en proposant des micro-essais sur les mille et un tracas et plaisirs qui parsèment nos jours. Coups de tête, coups de griffe ou coups de chapeau, ils sont librement inspirés par les maîtres du billet d'humeur, les Anciens. Satires, fables, dialogues, diatribes, métamorphoses, éloges, épigrammes, autant d'exercices de style inventés par les Anciens pour transmettre avec élégance et légèreté les réactions épidermiques que suscite le quotidien.

OLYMPE et ÉLYSÉE

ou

La vertu en politique

Frédéric Lavère

OLYMPE et ÉLYSÉE

ou
La vertu en politique

Dialogue satirique et versifié

LES BELLES LETTRES

2017

www.lesbelleslettres.com
Retrouvez Les Belles Lettres
sur Facebook et Twitter

*© 2017, Société d'édition Les Belles Lettres
95 bd Raspail 75006 Paris*

ISBN : 978-2-251-44644-8

À mon Olympe,
Apôtre de la conscience juste.

OLYMPE
ÉLYSÉE, président.
LA CONSCIENCE JUSTE
LA CONSCIENCE INJUSTE
LE CONSEILLER AMBITIEUX
LE CONSEILLER COLÉRIQUE
LE CONSEILLER SUFFISANT
MÉDIA
L'OPINION PUBLIQUE, un homme quelconque.
PARITÉ, députée.
MISANDRE, députée.
LE PATRIARCAT, député.
DES DÉPUTÉES
DES DÉPUTÉS
TROIS COMPLOTEURS
DES GARDES
UN HUISSIER

Acte I

SCÈNE 1

*Le hall du palais d'Élysée, plongé dans la pénombre.
Au fond de la pièce, une silhouette d'homme se tient
près d'un rideau tiré. Deux autres silhouettes humaines
approchent de part et d'autre.*

LE PREMIER COMPLOTEUR. —
Le moment est venu : nous agirons ce jour.
Que votre âme soit prête à frapper sans détour !

LE DEUXIÈME COMPLOTEUR. —
C'est un soulagement ! Ma lame est effilée...

LE PREMIER COMPLOTEUR. — *Se tournant
vers le deuxième.*
Gardez bien à l'esprit qu'il s'agit d'apeurer.
Ne laissez point la haine altérer le contrôle !

LE Deuxième comploteur. — *Acquiesçant.*
N'ayez point de tourment ; je connais bien mon rôle.

LE Premier comploteur. — *Se tournant lentement vers le troisième.*
Assurez-vous, dès lors, l'appui de l'assemblée.
Prêchez les députés, je m'assure les sages.

LE Troisième comploteur. —
Je les diviserai d'un séditieux clivage,
Prompt à les affaiblir, pour mieux les contrôler...

LE Premier comploteur. —
Parfait ! Notre influence auprès des gouvernants
N'aura plus de limite ; allez-y, maintenant !

Les trois personnages quittent la pièce, chacun de leur côté, sans un mot.

Scène 2

Quelques heures plus tard, une femme vêtue de blanc pénètre dans le hall du palais d'Élysée, rue du faubourg Saint-Honoré. Elle parcourt le marbre carrelé en ignorant les gardes immobiles, en direction d'un huissier affairé à contempler sa grande chaîne. Ce dernier se lève de son siège en apercevant la dame, et l'honore d'une révérence de bienvenue.

L'Huissier. — *Souriant.*
Puis-je vous souhaiter, Madame, bienvenue ?
Je serais très heureux de vous guider ici...

Olympe. —
Vous êtes bien aimable, en m'accueillant ainsi.
Je ne prévoyais point de me voir attendue !

L'Huissier. — *Vérifiant son agenda.*
Il est vrai qu'au programme êtes-vous invisible :
Je n'ai qu'une visite avant le déjeuner,

Celle de députées à l'orgueil ostensible,
Munies de passe-droits et autres primautés...

OLYMPE. — *En riant.*
J'espère n'être point ainsi considérée !

L'HUISSIER. — *Flatteur.*
Pas du tout : votre charme et votre retenue
Trahissent malgré vous une âme de bonté...
Mais quelle est la raison de l'accorte venue ?

OLYMPE. —
Je nourrissais l'espoir de pouvoir rencontrer
Le maître de ces lieux, afin de le jauger...
Je n'ai ni passe-droit, ni rendez-vous d'affaires,
Mais je fus invitée par un des vacataires...

L'HUISSIER. — *Désignant un petit salon d'attente.*
Installez-vous ici, patientez un instant.
Je vais voir de ce pas si Monsieur a le temps.

Olympe quitte le hall vers le salon d'attente, suivie par l'huissier qui disparaît par une porte dérobée.

Acte II

Scène 1

Aux lendemains de son élection, Élysée est installé à son bureau. Trois de ses conseillers l'entourent, chargés de dossiers.

Une forte pluie s'abat sur les vitres du palais de la marquise de Pompadour et du maréchal Murat.

ÉLYSÉE. —
Quel est donc de ce jour le passionnant programme ?
Je me sens l'énergie d'un féroce lion,
Capable de sculpter mieux que Pygmalion !
Je suis Napoléon arrivant à Wagram !

LE CONSEILLER SUFFISANT. —
Monsieur, le temps de l'arme et du discours est clos ;
Des papiers et secrets ce palais est l'enclos.

LE CONSEILLER AMBITIEUX. —
Il vous faut valider les lignes de conduite,
Chaque belle promesse en a plusieurs induites,

Et les confier de suite à vos trente ministres,
Pour que leurs actions s'accordent au registre.

LE CONSEILLER COLÉRIQUE. —
Pour l'heure devez-vous accueillir cette femme
Qui depuis la victoire un entretien réclame.
Elle ne nous sert point, mais demeure influente
Dans ces cercles secrets aux idées bien-pensantes.

ÉLYSÉE. —
Au siège du pouvoir, et ce qu'on me soumet
N'est que triste palabre ou dossier désuet !
Où sied l'hydre ennemie, que je coupe des têtes ?
Pour ma folle vigueur n'aurez-vous point de quête ?
Précisez-moi pourquoi devrais-je consentir
À recevoir ce jour cette femme inconnue ?

LE CONSEILLER COLÉRIQUE. —
Parce que refuser signifie interdire !
Laisser croire vaut mieux qu'un déni d'entrevue.
Je ne vous dirai point comment paraître affable...

LE CONSEILLER SUFFISANT. — *Distrait.*
On dit que cette femme est des plus respectables...
Peut-être serons-nous au final étonnés ?

Un huissier se présente.

L'HUISSIER. —
Olympe est annoncée.

ÉLYSÉE. — *Résigné.*

Soit, faites-la rentrer.

Les conseillers sortent, suivis par l'huissier.

SCÈNE 2

Olympe entre dans le bureau. Élysée se lève pour l'accueillir, son visage ayant perdu toute trace d'hostilité au profit d'une affabilité de circonstance.

OLYMPE. —
Puis-je enfin rencontrer le célèbre Élysée !
De toute la nation j'ai perçu les murmures
Adorant l'infinie gloire de vos armures.
Si les hérauts vantant votre célébrité
Ont le verbe fidèle à votre beau courage,
Quelle superbe aura, pour votre si jeune âge !

ÉLYSÉE. — *Tendant les bras en un sourire séducteur.*
Vos paroles amies me sont aussi flatteuses
Que votre humble présence, à mon âme précieuse !
Puisse plaire à nos dieux que cette renommée
Ait bien plus de durée qu'un rideau de fumée !
Car je crains que tout chef sortant d'une bataille,
Ne soit, hélas !, contraint d'assumer la défaite

Ou d'être gratifié de hauts faits qu'on lui prête.
Or, me voici vainqueur ; mon prestige est de taille !
Je ne puis refuser qu'un peuple me vénère.
Mais, pourtant, tout ceci...

OLYMPE. —

          ... ne semble vous déplaire !

ÉLYSÉE. — *Surpris.*
Madame, vous pourriez lire à travers mon âme !
Soit ! Je suis grisé par cette adoration.

OLYMPE. — *Flatteuse.*
Qui ne le serait point en ces conditions ?
Vous jouissez ce jour d'une estime sans blâme.

ÉLYSÉE. —
Il est vrai que...

OLYMPE. —

          Pourquoi ne pas en profiter ?

ÉLYSÉE. — *Interdit.*
Qu'entendez-vous par là ?

OLYMPE. — *D'un enthousiasme feint.*

                          D'un tel chef les desseins
Doivent être géants !

ÉLYSÉE. — *Regardant Olympe de biais.*

                          Ciel ! Oserai-je ?

OLYMPE. — *D'un air admiratif.*

                                      Osez !

ÉLYSÉE. — *Balayant ses réticences d'un geste de
la main et reprenant un air assuré.*
Je rêve d'un empire aux marques de mon seing !

OLYMPE. —
Empereur ! Rien de moins ? Le goût de la victoire
Semble avoir réveillé l'avidité de gloire !

ÉLYSÉE. —
Je vous avoue avoir comme dessein secret
De mener la nation, à force de décrets,
Vers un sommet de gloire encore inégalée !
Les marbres du Sénat et de notre Assemblée
Vibreront de l'écho d'une unique entité !

Sages et députés défendront mes idées
Tant que notre nation des grandes Sparte et Rome
N'aura pas effacé le moindre souvenir,
Par une politique unique et économe
Lui procurant un fort et brillant avenir !

OLYMPE. — *Jouant toujours de flatterie.*
Quels séduisant allant et belle prophétie !
Puisse votre ambition être bénie de Dieu,
Afin que nous puissions jouir de par ces lieux
D'une aussi belle et parfaite démocratie !
Mais je prête soupçon aux gens ambitieux
Ils ont l'esprit léger, souvent prétentieux...
Que comptez-vous donc faire, en raison de cela ?
Lever toutes légions, engager le combat ?

ÉLYSÉE. —
Voyons ! Nulle violence ici n'est nécessaire !
Je séduirai mes gens de complets changements,
De leurs vœux je serai le parfait émissaire,
Et sans aucun effort gagnerai leurs serments.
Pourquoi contre le peuple utiliser les armes
Si la ruse permet d'arriver à ses fins ?
De beaux engagements mon auditoire a faim,

Pourquoi de son esprit tirerai-je l'alarme ?
Apaisons ces heureux, berçons leurs belles âmes,
Et jetons leur angoisse absurde dans les flammes !
Ils s'empresseront pour mon pouvoir affermir ;
La violence, ainsi, n'aura qu'à les tenir !
Alors, moi empereur, je ferai de mes gens
Les très-fiers citoyens d'un empire géant !

OLYMPE. — *Cessant son jeu.*
Vous êtes fou... Vos vues sont délires infâmes...

ÉLYSÉE. — *Conscient d'avoir été joué.*
Votre cœur est guindé de veulerie mondaine.
Vous n'êtes, au final, autre chose que femme...

OLYMPE. —
Non... Et vous n'êtes rien qu'un petit capitaine !

ÉLYSÉE. —
Pour l'heure ! Patientez encor quelques instants...
L'homme est tout disposé par sa nature au vice ;
Promesse et Corruption feront bientôt office...
Le chemin du pouvoir s'ouvrira prestement !

OLYMPE. —

De sacrifice aucun, mais de vaines promesses...

De combat encor moins, mais bien plus de bassesses !

Votre action politique a l'air de s'inspirer

De la démagogie bien plus que de raison...

Ne comptez-vous du peuple obtenir l'empyrée

Qu'au biais de flatteries et belles oraisons ?

Vos rêves de grandeur sont un peu trop fertiles,

Votre prétention est passion puérile !

ÉLYSÉE. — *Faisant signe aux gardes de s'éloigner et entraînant Olympe hors de son bureau.*

Vous m'insultez, Madame, en ne voulant bien voir

Que les petits détails de mon vœu de pouvoir.

Mais il vous faut saisir la vision de l'ensemble,

Découvrir tout ce que ces intrigues assemblent !

Mes idées sont une île éloignée de la terre ;

Mais le peuple aujourd'hui souffre sa destinée.

De ce constat social l'isthme vengeur est né !

Rien n'empêche un projet si révolutionnaire...

Politique et vertu ne font pas bon ménage

Lorsqu'on est prisonnier des charmes du pouvoir.

La morale n'est pas vraiment mon apanage,

Mais mes conspirations pourront bien me pourvoir !

Qu'importe la façon, quand le dessein est grand ?
Qu'est-ce que la morale aux yeux d'un conquérant ?

OLYMPE. —
Elle est garante de l'humanité des rois,
De la vertu d'un peuple et d'un État de droit !
Vous n'en prévoyez pas d'usage en politique,
Libre à vous et au peuple enclin à vous servir.
Je ne présage pas un brillant avenir
Aux nations gouvernées sans un souci d'éthique.
Relisez Montesquieu, dans son *Esprit des lois* :
Il y fait reposer toute démocratie
Sur la noble vertu d'aimer lois et Patrie,
De s'attacher au bien commun plutôt qu'à soi !
Conquérant sans vertu, vous n'êtes que despote.
Il manque à vos talents l'éducation d'un sage
Lequel par vos pensées renverrait son image.
Les actes d'Alexandre ont le sceau d'Aristote !

ÉLYSÉE. —
Nous avons là parole aussi belle que sage,
Mais ma raison, hélas !, n'entend que verbiage !

Olympe. — *Effarée.*
Pourrait-il se trouver autant de différences
Dans le discours tenu par nos deux consciences ?

SCÈNE 3

*Arrivent la Conscience juste et la Conscience injuste,
se plaçant de part et d'autre d'Olympe et Élysée.*

*La Conscience injuste est torse nue, sa belle poitrine
griffonnée des mots « fuck your morals ». Son visage est
digne d'une égérie philatélique ; toute son apparence
appelle à la séduction. Mais son expression traduit
une haine profonde.*

*La Conscience juste est plus austère, habillée d'une
robe second empire, une cordelette entourant le corsage,
et coiffée d'un bonnet phrygien. De son être se dégage
une grâce naturelle et ses yeux trahissent une grande
intelligence.*

LA CONSCIENCE JUSTE. —
Il suffit d'observer combien la sienne est traître...

LA CONSCIENCE INJUSTE. —
La mauvaise conscience est toujours dans le coin...

(Se tournant vers Élysée)
Prenez garde, mon maître...

ÉLYSÉE. — *Entraînant toujours Olympe dans les méandres du palais.*

Ne t'inquiète point,
Je suis bien insensible à ses sermons de prêtre...
Je ne fais qu'enseigner à notre chère amie
Comment s'élever vers les plus hautes fonctions.
Mais elle n'apprécie guère mon instruction,
Et s'obstine à contrer ma géniale argutie !
Je garde cependant espoir de l'éclairer
Sur l'art de commander le faible et l'opprimé.
(Se retournant vers Olympe)
Le grand Napoléon en était bien rompu :
On les tient par le vice et non par la vertu !
Il faut donc faire croire au peuple qu'il est libre.
Mieux, il faut s'imposer comme ardent défenseur
De cette liberté qui fait battre son cœur ;
Flatter sans retenue ce dont il a la fibre.
Tenez, prenez ce bel et célèbre quidam
Qui passe près de nous. Voyons ce qu'il réclame.

(S'adressant à un honnête citoyen qui patientait dans un hall)

Oh, l'ami !

L'Opinion publique. — *Surpris.*
        Que me veut cette noble assemblée ?

Élysée. —
Dites-nous, mon ami, ce que vous aimeriez
Que le gouvernement apporte à votre vie.

L'Opinion publique. — *Après un temps de réflexion.*
Si vous me demandez ce qui me donne envie,
Sachez bien que je suis facile à contenter ;
Je suis vite séduit par les belles promesses,
À condition bien sûr que ce qui m'est vanté
Flatte moins mon ardeur que ma grande paresse !
Mais s'il faut exprimer devant vous mes désirs,
Je commencerai par le plus grand des plaisirs :
Celui de savourer partout, à tout instant,
La pleine liberté, sans carcan ni tourment.
Je rêve de pouvoir faire ce qu'il me plaît,
De détenir enfin les droits les plus complets !

La Conscience juste. —
La liberté n'est pas l'égal de l'anarchie !
D'une vraie liberté résulte des devoirs,
Voici ce qu'il faudrait à tous faire valoir !

La Conscience injuste. —
Ne l'écoutez donc pas, poursuivez je vous prie.

L'Opinion publique. —
Pour un monde meilleur, je crois qu'en second
temps
Faudrait-il instaurer l'égalité pour tous.
Plus d'excentricité que la norme repousse ;
Aucune privation, aucun excès d'argent ;
Rien non plus pour flatter ou blesser nos ego,
Ni de fière beauté, ni de laideur infâme…
Pour couronner le tout, plus d'homme ni de femme,
Mais de fiers citoyens, tous libres et égaux !

La Conscience juste. —
Égalité ne peut être nivellement,
Mais doit être équité, belle et pure justice !

LA CONSCIENCE INJUSTE. —
Que nous fatigues-tu ! Tes remarques emplissent
Tout l'espace des sons ; laisse-le maintenant !

LA CONSCIENCE JUSTE. —
Non ! De telles idées sont de vraies infamies !
Elles mettront à bas le moindre des repères
Qu'ont durement construit les aïeux de nos pères !

ÉLYSÉE. — *Posant une main sur l'épaule de l'Opi-*
nion publique.
Cessez toutes les deux ! Vous gênez notre ami...

L'OPINION PUBLIQUE. — *Charmé.*
Au premier examen voici mon humble avis
Qui soulève déjà de biens nombreux sujets...
(Prenant une mine songeuse)
Mais, à la réflexion, je rajoute un souhait :
Celui d'être en mesure, aux derniers jours de vie,
De choisir en raison le lieu, la date et l'heure,
Et d'y pouvoir mourir sans souffrance et sans
heurt.

La Conscience injuste. —

Qui peut encore oser vouloir une vieillesse ?
Carpe Diem ! Nous n'avons qu'une seule jeunesse !
Plutôt que de croupir dans la sénilité,
Mieux vaut choisir sa mort, garder sa dignité !

La Conscience juste. — *Horrifiée.*

Vous ne voulez qu'ouvrir la boîte de Pandore
Pour libérer le mal qui seul y reste encore !
En voulant pour la mort totale transparence,
Vous allez dans l'élan supprimer l'espérance !

La Conscience injuste. — *L'air moqueur.*

L'espérance ? Allons donc ! Cesse tes onctions !
Qui rêve d'au-delà, de résurrection ?

Élysée. — *Levant la main pour faire taire l'audience et s'adressant à l'Opinion publique.*

Croyez-moi, cher ami, j'entends et je comprends.
Oui, de nos jours le peuple est esclave des grands,
Soumis aux volontés des puissants fortunés
Et croulant sous le poids des vieilles traditions !
Vous devriez pouvoir, sans être importuné,
Jouir de vos envies, assouvir vos pulsions.

Moi empereur, promet d'engager des débats
Pour réformer la vie de mes gens ici-bas !

L'Opinion publique. —
Oui ! Quelle mélodie flatteuse à mes oreilles !
Je n'ai jamais ouï de promesses pareilles !

La Conscience injuste. —
Bravo, maître, c'est là très habile manœuvre...

Un Garde. — *Arrivant prestement pour s'adresser discrètement à Élysée.*
Je vous ai préparé le secret destrier...
La secrète jument n'attend que vos fessiers...

Élysée acquiesce hâtivement et renvoie le garde.
Approche une femme, qui s'entretenait avec les trois conseillers au fond du hall, pour s'adresser à Élysée.

Média. —
Je n'ai pu m'empêcher de remarquer votre œuvre...
Vous avez un talent pour envoûter la plèbe,
Mieux que la séduction du plus beau des éphèbes...
Mon nom est Média, Muse contemporaine.

Des crieurs et hérauts je suis la belle reine.
Vous ne trouverez plus Mnémosyne et ses filles
En rôle d'influence auprès des grands esprits !
Ma bonne mère Euro, ma sœur Publicité,
Ont repris le flambeau du pouvoir d'inciter !
Pour votre renommée je peux jouer un rôle ;
(Désignant l'Opinion publique)
Lui n'écoute que moi, devenant sous contrôle !
Je ne peux en revanche effacer les semonces
De cet oracle Ifop qui prétend tout connaître,
Mais j'ai tous les moyens de vous faire apparaître
Et de mettre en avant les traits de vos annonces...
Je suis prompte à parler le langage correct
Et selon vos désirs les vérités affecte...
Ne perdez point de temps pour mon action bénir,
Je ne saurai que trop comment vous soutenir !

LE CONSEILLER AMBITIEUX. — *S'adressant
à Élysée.*
Elle a par le passé rendu menues faveurs
À l'occasion d'erreurs de vos prédécesseurs...
Mais sait également son protégé lâcher,
D'opprobre le couvrir, qu'il se fasse lyncher !

ÉLYSÉE. — *Revenant à Média.*
J'ai justement besoin d'un soutien à l'image
Pour réduire à néant quelqu'esprit de défiance.
En toute discrétion, par formule d'usage,
Pourriez-vous supprimer l'une des deux consciences ?

MÉDIA. —
Il faut faire confiance au magique cadrage
Qui donne à l'initié le choix du bon extrait.
Et si malgré cela reste-t-il de l'ivraie,
Il suffit, en secret, de l'ôter au montage !

ÉLYSÉE. — *Courbant l'échine.*
Vous savez exaucer mes rêves les plus fous !
Au faîte du pouvoir, je prendrai soin de vous...

Satisfaite, Média s'éloigne, entraînant l'Opinion publique avec elle.

LA CONSCIENCE JUSTE. — *Observant Média s'éloigner.*
La Gorgone moderne a porté son regard,
Vos esprits sont de pierre et vos cerveaux hagards...

OLYMPE. —
Risibles à tels points sont vos basses méthodes,
Et dangereuses sont vos grandes intentions !
Cette démagogie à vos vues si commode
N'aura pour la Cité qu'effet de destruction !
Pour l'ignoble raison de vous tailler un trône,
D'achever à tout prix ce que vos alliés prônent,
Vous réaliserez toutes les prophéties
Qui prédisent pour nous décadence des lois ;
Le peuple choisira l'horrible joug d'un Roi
Plutôt que l'illusion d'une démocratie !

ÉLYSÉE. — *Exaspéré.*
L'humanité ne veut ni d'un Dieu ni d'un Roi :
Ils lui portent tous deux la crainte et le malheur ;
Je détruirai tout ce en quoi le monde croit,
Pour devenir les deux : Dieu-Roi, moi empereur !
Le peuple aura loisir de vices outrageants

Contre bénédiction d'un constant directoire ;
Puis il me donnera son sang et son argent,
En échange de quoi j'apporterai la gloire !
Quelques lois suffiront à forcer le silence
Des quelques beaux penseurs et moralisateurs
Qui cherchent à bannir, pour de vieilles valeurs,
De civilisation nouvelle la naissance !

LA CONSCIENCE JUSTE. —
Les ancestrales mœurs ne dépendent du droit,
On ne peut nullement les changer par des lois !

ÉLYSÉE. — *Énervé et haussant la voix.*
Votre beau conformisme est plein de résistance !
Vous êtes prisonniers de vétustes croyances
Qui n'ont jamais mené qu'à de bêtes regrets,
Qui ne sont qu'une entrave à l'éclatant progrès !
Je hais votre morale aux issues religieuses
Et toutes ces vertus qui vous sont si précieuses !

OLYMPE. —
Un tel mépris n'augure autre que tyrannie !

ÉLYSÉE. — *Hurlant.*
Gardes ! Cela suffit ! Prenez cette ennemie !

Les gardes accourent et s'emparent d'Olympe.

OLYMPE. —
C'est là votre vision de notre liberté ?
Juger et condamner pour haute trahison
Chaque opinion contraire à vos propres idées ?
Supprimer toute entrave à votre progression ?

ÉLYSÉE. — *Ricanant.*
Nécessité fait loi ! J'irai même plus loin,
J'abattrai ces pensées dès leur prime naissance ;
Les enfants seront tous éduqués par mes soins,
Instruits à mes idées dès leur plus tendre enfance !
Sparte a compris cela : pour un monde martial
Devons-nous séparer les générations
De leur déterminisme éthique et familial !
Mon empire sera leur seule religion !
Les gouvernants jadis, comme le Vert-Galant,
Croyaient que le pouvoir valait bien une messe.
Pour moi c'est tout l'inverse, il n'est pas à l'encan ;
Je modèle mon trône et jamais ne m'abaisse !

La Conscience juste. —
L'État fait son devoir en donnant l'instruction,
Laissez donc aux parents rôle d'éducation !

Olympe. —
Vous n'êtes qu'un humain qui veut jouer au Dieu,
Mais des enfers est pris dans le piège odieux !
Tout à l'égal d'un trône, un peuple est éphémère ;
Ils ne font que passer, quand l'Église demeure !
Priez donc humblement, d'un repentir sincère,
Car sans absolution votre fortune meurt...

Élysée. — *Condescendant.*
« Amen ».

Olympe. — *Emmenée par les gardes.*
                    Adieu, vil capitaine.

Fermement accompagnée, Olympe quitte les lieux,
suivie par les deux Consciences.

Scène 5

ÉLYSÉE. — *Seul.*

Mais quelle folle !
Que peut-elle comprendre aux règles de ce monde ?
Les femmes sont vouées aux vertueux symboles,
Et ont pour les défendre une verve féconde !
Mais sait-elle quel poids pèse sur mes épaules ?
Les puissants font pression, exercent leur contrôle
Pour jouir de luxure ainsi qu'ils nous l'assènent.
Que m'importe leurs vœux, pourvu qu'ils me
soutiennent !
Ils veulent démolir toutes grandes Maisons ?
Qu'ils calment leurs désirs, tant que j'obtiens
mon trône !
La conscience n'est qu'une entrave à la raison,
Avilissante à l'homme aussi bien que l'aumône.
La croyance divine est simple passe-temps
Pour occuper l'esprit du bas-peuple ignorant !
Comment peut-on encore afficher de nos jours

D'un esprit de raison les mystiques détours ?
Les dieux sont aujourd'hui Richesse et Influence,
Profit, Possession, Amour-propre, Impudence !
De ces divinités je suis le Prométhée
Qui bâtit de leurs feux une morale athée !

Un bruit attire l'attention d'Élysée.

Mais, qu'est-ce donc ?

Derrière une colonne, un bras se lève, armé d'une épée. Un coup mortel est donné.

Ô mes dieux, non ! On m'assassine !
Aurais-je déclenché les colères divines ?
Serait-il donc trop tard pour demander pardon ?
Je n'avais point soupçon de cette trahison...
Car ce bras assassin ne m'est point inconnu ;
Par trop de confiance on devient ingénu...
À force de mensonge et de compromission,
J'ai les Ides de mars avant le Rubicon !

Élysée gémit longuement en luttant pour rester debout.

Je ne puis me résoudre à ce triste destin !
Ayez pitié, mes dieux, épargnez-moi l'enfer
De savoir que mon rêve est ainsi mis aux fers !
Je devais de la Gloire apprécier le festin...

Élysée s'écroule et rend son dernier soupir.

Scène 6

Les deux Consciences reviennent et découvrent le corps sans vie d'Élysée.

La Conscience juste. —
À la fin survient-il une belle justice...
Le mal a succombé de sa propre malice !
La morale triomphe et règle votre sort !

La Conscience injuste. — *Éclatant de rire.*
Que me chantes-tu là ? Si ce tyran est mort,
C'est que d'autres esprits complotèrent cela.
(Tournant la tête vers l'extérieur et regardant au loin)
Il me semble d'ailleurs qu'on me réclame là...

La Conscience juste. —
La colère des Cieux pour sa non-repentance
Eût plus sûre raison de sa pauvre existence...

LA CONSCIENCE INJUSTE. —
Voilà pensée naïve et vraiment affligeante !
Ceux qui signent le sort de la vie ou la mort
Ne sont point ton Seigneur aux règles exigeantes,
Mais les êtres puissants de ce monde retors !

LA CONSCIENCE JUSTE. —
Si je suis bien naïve, es-tu donc bien aveugle ?
Ce pouvoir des puissants est pure vanité ;
Ils se croient des taureaux, mais sont des bœufs
qui meuglent,
Luttant avec ardeur pour des futilités !
Le seul réel talent dont ils ont bon usage
Est celui de détruire à petits feux le monde,
Condamnant pas à pas la morale féconde
Tout en la remplaçant par des normes volages.

LA CONSCIENCE INJUSTE. —
Ne te fatigue point, tu t'évertues en vain !
Plus personne aujourd'hui n'écoute tes leçons.

LA CONSCIENCE JUSTE. —
Crois-tu ce que tu dis ? Et pour quelle raison ?

LA CONSCIENCE INJUSTE. —
Car j'occupe ta place aux jugements humains !

LA CONSCIENCE JUSTE. —
Cela ne se peut point, je pense toujours juste !

LA CONSCIENCE INJUSTE. —
Je triomphe pourtant du duel de consciences
Auprès de tous esprits qui nous donnent audience !

LA CONSCIENCE JUSTE. —
Je n'y comprends plus rien. Tu demeures l'injuste !
Comment opères-tu, quels sont tes artifices ?

LA CONSCIENCE INJUSTE. —
J'ai lentement œuvré ces dernières années,
Imposant mes idées, encourageant les vices...
Désormais tes discours ont un air suranné.
M'inspirant de Pascal, j'eus ce plan de génie :
Ne pouvant rendre fort ce qui demeure injuste,
Je fis alors en sorte, usant de vilenie,
Que ce soient les plus forts qui deviennent injustes !

LA CONSCIENCE JUSTE. — *En colère.*
Tu n'es qu'une imbécile aux desseins parricides !
Ton esprit est le Mal, ta langue est de l'acide !
Tu n'es qu'une vipère aux actes scélérats !
Es-tu fière, félonne, au vu du résultat ?

LA CONSCIENCE INJUSTE. —
Tu me saupoudres d'or par toutes tes insultes !

LA CONSCIENCE JUSTE. —
Artisan d'apostat !

LA CONSCIENCE INJUSTE. —
                    Oui, continue ! J'exulte !

LA CONSCIENCE JUSTE. —
C'est à cause de toi si l'homme a perdu foi,
Et parcourt désormais des limbes d'irraison !
Tous blâment avec sens peine de pendaison,
Mais réclament à cri le plus abject des droits :
Pouvoir éliminer par confort ou par gêne
Aînés handicapés et frêles embryons !
On mesure à raison la grandeur des nations
Par considération des faibles vies humaines !

LA CONSCIENCE INJUSTE. —
Tu n'entends vraiment rien à ces projets modernes
Qui libèrent partout mes idées progressistes !

LA CONSCIENCE JUSTE. —
J'y vois surtout l'essor d'un monde d'égoïstes
Qui des vertus mettront les étendards en berne !
On ne peut déroger aux lois de la nature,
Tes désirs devraient voir s'appliquer la censure !

LA CONSCIENCE INJUSTE. —
Pourquoi toujours vouloir défendre corps et âme
Cette vision de vie si restrictive en tout,
Si la science demain autorisera tout ?

LA CONSCIENCE JUSTE. —
La science sans conscience est une ruine d'âme...

LA CONSCIENCE INJUSTE. —
La conscience trop stricte est ruine d'avenir !

LA CONSCIENCE JUSTE. — *Désignant le cadavre d'Élysée.*
Il n'est ruiné que pour l'esprit sans repentir !

Les deux Consciences sortent.

Scène 7

Olympe revient et observe le cadavre d'Élysée.

OLYMPE. —
Vous êtes la victime et le commanditaire...
Mais je suis convaincue qu'à défaut de ce crime,
Auriez-vous subi l'ostracisme exemplaire !
Le bon sens revient vite aux gens que l'on opprime...
Vous vendiez, par profit, la liberté pour tous...
L'excès de liberté tourne avec l'habitude
En un intolérable excès de servitude !
Ce dogme bien prôné : l'égalité pour tous...
Un projet séduisant peut être dangereux,
Tout comme peut le mal paraître bienheureux ;
Et l'égalité nue, sans robe d'équité,
Est le pire ennemi de la fraternité !
Or, voici justement ce qui serait propice :
Outre la liberté, plus que l'égalité,
Les hommes ont besoin d'amours fédératrices.
Allons enfants ouïr la devise oubliée !

Ne faut-il que la guerre à cette nation
Pour obtenir enfin cette union sacrée ?
À moins que ce ne fut votre belle ambition
Qui du peuple empêcha la symbiose rêvée ?
Car sans fraternité, nulle vraie cohésion,
Et sans ces pré-requis, quid de la nation ?
Pour vivre lui faut-il une histoire commune
Et le constant souhait de vivre en société.
Par vos législations aux accents d'impiété,
Vous avez déclenché du pays l'infortune !
À ce cher Tocqueville accordez-vous fierté
En donnant un exemple à sa prémonition :
Vous avez démontré qu'au nom d'égalités
La démocratie peut être domination !
Vous rêvassiez de gloire et d'empire prospère,
Et vouliez votre place au sein du Panthéon...
Mais vous n'auriez été qu'un nouveau Robespierre
Très loin de Marc Aurèle ou de Napoléon !
Vous auriez établi la nouvelle Terreur
En donnant à la France un piètre dictateur !
Les grecs ont établi les vertus cardinales,
Qui doivent commander nos actions morales.
Mais vous ne sembliez lire les belles-lettres ;
Vous n'aviez pas de goût pour les leçons d'ancêtres !

Vos idées ont manqué de Justice et Prudence,
Vos actes oublié Courage et Tempérance !
Plus encore que tout, un juste gouvernant
Doit avoir à l'esprit le bien du plus grand nombre,
Non la satisfaction de quelques militants
Qui pour leurs intérêts influencent dans l'ombre.
La vertu du pouvoir est bien de conserver
Au peuple de demain bénéfice des lois !
Mais pour cela faut-il ses devoirs observer
Et non pas exercer au service de soi !
Voici de nobles mots : servir, remplir l'office !
Mais connaître leur sens implique sacrifice,
Humble consentement de fléchir le genou
Devant la nation et son peuple debout...
Je crois en résumé que ce qui vous manquait
Était dans votre cœur de réelles noblesses :
Un haut sens de l'honneur, une once de sagesse,
Et sur un plan moral de la foi les bienfaits.
Mais pour vous qui niez l'existence de Dieu,
L'argent et le pouvoir deviennent des idoles ;
Vous prenez jouissance et profit en oboles
Pour payer le passage au-delà des cieux !
Je crains qu'en cet instant vous ne soyez jugé
Pour toutes vos erreurs de tyran dépravé.

*Olympe observe un instant le visage d'Élysée, figé
en un masque de souffrance.*

Au final n'étiez-vous qu'un dirigeant infâme.
En dépit de cela, je prierai pour votre âme.

Olympe s'éloigne.
*Elle se retourne une dernière fois avant de partir,
et observe au loin les trois conseillers qui s'agitent.*

Vous ferez tout envers la morale du bien,
Mais nous veillerons tous, nous ne lâcherons rien !

Acte III

SCÈNE 1

Dans la cour du palais d'Élysée, l'Opinion publique attend nonchalamment en traînant ses pieds sur le gravier. Média s'approche de lui prestement.

MÉDIA. —
Vous ne croirez jamais ce qu'il vient d'arriver !
Une horreur indicible ! Un meurtre ! Un attentat !

L'OPINION PUBLIQUE. —
Las ! Encore une attaque ?

MÉDIA. —
En ce haut lieu d'État !
La terreur va bien vite encor se raviver...

L'OPINION PUBLIQUE. —
Mais quel est le forfait, et qui sont les victimes ?

Média. —
On ne sait point encore, il manque des détails.
Et nul ne sait où sont les auteurs de ces crimes !
(Entraînant l'Opinion publique un peu plus loin)
Soyons prudents, restons derrière ces portails.
Je peux vous révéler une information :
Le président lui-même aurait été visé.
Nous attendons encor la confirmation
Restez donc avec moi, vous serez avisé !

L'Opinion publique. —
Mais quels sont les motifs ? Est-ce comme toujours
Un vil assassinat au nom de leur Coran ?

Média. —
Nul ne peut l'affirmer.

L'Opinion publique. —
                              Tout de même, quel cran !
D'Élysée pourquoi donc attenter à ses jours ?

Média. —
Qui donc pourrait le dire ?

L'Opinion publique. — *Lassé.*

Mais vous ne savez rien !

Média. —
Pourquoi me suivez-vous, si je suis inutile ?
Reconnaissez-le donc, vous m'êtes bien servile...
(Désignant l'escalier menant au palais)
Mais nous saurons bientôt : voilà quelqu'un
qui vient !

SCÈNE 2

Le Conseiller suffisant, pressé, descend les marches du palais en direction de la sortie, sans un regard pour Média et l'Opinion publique.

MÉDIA. —
Monsieur le conseiller, quelles sont les nouvelles ?
La France veut savoir la nature du drame !
Qui donc a pu mener ces attaques mortelles ?
Serait-ce un coup d'État qui par ici se trame ?

LE CONSEILLER SUFFISANT. — *Interloqué.*
Vous n'avez peur de rien ! Un coup d'État ? Voyons...
Ce n'est qu'un accident, au résultat bien triste.

MÉDIA. —
Peut-on déjà parler d'un acte terroriste ?
Parlez-nous franchement, ôtez donc vos baillons !

Le Conseiller suffisant. — *Agacé.*
Ecoutez, je n'ai point de temps à perdre ici.
Et je ne donne aucun commentaire, merci !

Le Conseiller suffisant reprend sa route vers la sortie.

Média. — *L'interpellant.*
Mais que s'est-il passé ?

Le Conseiller suffisant. — *En criant, au moment de passer le portail.*
Le président est mort !

L'Opinion publique. —
Au moment du naufrage, un rat quitte le bord...

Scène 3

Du palais d'Élysée sortent le Conseiller ambitieux et le Conseiller colérique, suivis quelques mètres derrière par Olympe. Tous trois se dirigent vers Média et l'Opinion publique.

Le Conseiller ambitieux. —
Ma chère Média ! Êtes-vous informée ?

Média. —
Je viens, juste à l'instant, d'être mise au courant.
Mais qui donc est l'auteur de ce crime écœurant ?

Le Conseiller ambitieux. —
Las ! Son identité n'a point été clamée.
Nous pensons qu'Élysée fut victime d'un fou.

OLYMPE. — *Cynique.*
Ah ! Il est si pratique, aux heures des douleurs,
De mettre la folie en cause des malheurs !
Pourquoi donc conserver le mobile tabou ?

LE CONSEILLER AMBITIEUX. —
Vous criez au complot, mais ce n'est là que crime.

OLYMPE. —
De cet assassinat je ne veux point le bras,
Ni même le cerveau, mais bien ce qui l'anime.
À la mort d'Élysée qui donc profitera ?

L'OPINION PUBLIQUE. —
C'est donc soit un complot, soit un vil attentat.

LE CONSEILLER AMBITIEUX. — *Méprisant.*
Vous allez bientôt dire, avec tel jugement,
Que tout événement est attaque d'État,
Que ce crime n'en est que le prolongement !
Le terrorisme est mode : il inspire l'insane.
Il faut cesser de croire à l'œuvre partisane.

L'Opinion publique. — *Surpris.*
Mais que pensez-vous donc de ces gens massacrés ?

Le Conseiller ambitieux. — *Balayant d'un revers de main.*
Ce ne sont que forfaits de déséquilibrés !

Olympe. — *Interloquée.*
Votre relativisme est père de défaite !
Vous refusez de voir la dure vérité,
La reddition morale est pour vous déjà faite
Et l'avenir noirci par votre cécité !
Regardez vos enfants en leurs yeux quémandeurs,
Avouez-leur l'envie de laisser cette guerre
Pour leur future vie, de jouir des douceurs
Du confort d'Épicure, à l'instar de vos pères !
Le doux rêve de paix qu'a connu le pays
Pourrait bien prendre fin malgré vos réticences !
La guerre est un Titan auquel on obéit...
Il mange avidement toutes les innocences.
Le mal est de retour, aux marches de l'Empire.
Refuser d'accepter cette réalité
C'est devoir affronter des forces encor pires
Quand nous ferons tous face à la fatalité !

MÉDIA. — *Choquée.*
Augure de malheur ! Vos mots sont anxiogènes !

OLYMPE. —
Il est vrai qu'ils sont durs, et se moquent des gênes.

L'OPINION PUBLIQUE. — *Intéressé.*
Que proposez-vous donc, face à cette menace ?

OLYMPE. —
Un acte de bravoure aux esprits dirigeants,
Un devoir d'intellect qui nécessite audace
Et haut discernement chez nos chers gouvernants :
Savoir nommer d'abord l'ennemi du moment,
qui n'est point comme dit le vent de terrorisme,
mais l'idéologie de l'extrême islamisme !
L'origine du mal n'est pas l'agissement...
Savoir décrire ensuite une philosophie,
Un idéal de vie que l'on peut opposer,
Et non l'empilement de valeurs sans portée.
Savoir produire enfin une vraie stratégie,
Et non l'empilement de tactiques sans fruit,
Pour atteindre au final la victoire d'esprit !

LE CONSEILLER AMBITIEUX. — *Dédaigneux.*
Ce genre de critique est bien facile à faire !
J'aimerais vous y voir, face à l'impopulaire...

L'OPINION PUBLIQUE. — *Après un temps de réflexion.*
Si l'on sacrifiait un peu de liberté
Pour assurer à tous plus de sécurité ?

OLYMPE. —
Un peuple abandonnant l'une pour gagner l'autre
Ne mérite au final aucun de ces deux droits,
Et finira sans doute englouti par ses lois.
C'est une illusion dans laquelle il se vautre !

LE CONSEILLER COLÉRIQUE. — *Faisant mine de réciter un discours.*
Il nous faut en-dedans toute sécurité
Sans sacrifice aucun pour toute liberté.
Il nous faut en-dehors une durable paix
Sans qu'il n'en coûte rien aux honneur et respect.

L'Opinion publique. — *Déçu.*

Ah... Ces idées pourtant étaient bien séduisantes...

Mais fort heureusement, nos armées sont puissantes !

Olympe. —
La force d'un pays n'est point dans ses armées
Mais dans l'état d'esprit de ses concitoyens !
Si vous n'êtes pas prêts à mettre les moyens
Pour opposer aux vils réponses affirmées,
Vous perdrez votre force en coups d'épées dans l'eau...
Leur stratégie n'est point politique étrangère !
Je ne vous ferai point l'offense d'un tableau :
Qui souhaite la paix se prépare à la guerre.

L'Opinion publique. — *Soupirant.*
S'ils pouvaient seulement épargner la cité...
Ne peuvent-ils souffrir notre société ?

Média. —
Hélas ! Le doux soleil du progrès humaniste
Ne pourra point briller sur le monde en entier !
Les ténèbres toujours s'arrogent un quartier.

OLYMPE. —
Et la nuit a pour nom fanatisme islamiste !

LE CONSEILLER AMBITIEUX. — *Explosant de colère.*
C'est la religion dans toute sa nature !
Chaque attaque est motif pour combattre la bure...
Je suis un grand Charlie, Jésus m'est importun !

L'OPINION PUBLIQUE. —
Vous êtes toujours prompts à condamner la Croix,
Qu'en est-il du Croissant aux jugements étroits ?
Car, ne vous en déplaise, il n'est qu'un point commun
Entre tous ces brigands : il s'agit de l'Islam !

MÉDIA. — *Surprise.*
Vous vous émancipez !

LE CONSEILLER AMBITIEUX. —
Holà ! Point d'amalgame !

LE CONSEILLER COLÉRIQUE. —
Ne jouez pas le jeu de nos vils ennemis !
Vous allez recréer la Saint-Barthélémy !

OLYMPE. —
Il nous faut éviter d'atteindre cet extrême.
Et l'arrivée massive à toutes nos frontières
De ces pauvres migrants s'échappant des misères
Risque de compliquer cet épineux problème.

L'OPINION PUBLIQUE. —
Les accueillir serait leur donner la victoire !
Car Rome, en son déclin, précipita son sort
Par l'accueil en son sein de tout peuple barbare !
Il nous faut de hauts murs, et fermer tous nos ports !

OLYMPE. —
Vous coupez bien trop court en vos raisonnements,
Nous ne pouvons souffrir de tels bannissements !
Il faut les accueillir, mais bien les intégrer…
La bêtise serait de les ghettoïser.
Ne cédez point trop vite aux prêches de terreur,
Ils conduisent souvent à répéter l'erreur.

MÉDIA. — *Coupant court au débat.*

Tous ces graves propos tournent au psycho-drame !

(S'adressant à l'Opinion publique)

Venez donc avec moi, voir un nouveau programme.

Un divertissement de très bonne tenue !

OLYMPE. —

Par du pain et des jeux… La recette est connue…

Média entraine l'Opinion publique vers la sortie, alors que le Conseiller ambitieux s'en retourne au palais.

Le Conseiller colérique et Olympe demeurent seuls dans la cour du palais d'Élysée.

Olympe. —
Notre laïcité pleurera, je le crains,
De devoir faire face à cette religion.
La Croix rend à César ce qui lui appartient,
La toge est donc sevrée du pieux goupillon.
Mais le Croissant requiert pour le spirituel,
D'avoir contrôle entier du pouvoir temporel.

Le Conseiller colérique. —
Le Lys et le Croissant ont déjà partagé
Les mêmes étendards, en un temps plus âgé...

Olympe. —
Mais François le premier, par l'étrange alliance,
N'avait point renié ce qui faisait la France !

Baissant la tête, le Conseiller colérique rejoint le palais, en silence.

Olympe le suit des yeux, puis s'en retourne vers la sortie de la cour.

Acte IV

SCÈNE 1

Misandre et Parité marchent côte à côte, en direction du palais d'Élysée. Elles ont toutes deux rendez-vous avec le chef d'État, pour défendre leurs points de vue sur la société.

MISANDRE. —
Que comptes-tu lui dire, en entretien privé ?

PARITÉ. —
Après l'avoir séduit pour aider son accord,
Je lui rappellerai que malgré ses efforts,
De cruelle injustice est notre vie pavée,
Et qu'il faut en vitesse un nouvel équilibre
Dans la répartition des sexes au pouvoir.
Car nous pouvons très bien à l'homme équivaloir,
Tant que ces postes-ci demeurent d'accès libre !

MISANDRE. —
Je ne peux qu'adhérer à tous tes arguments,
Mais ce n'est que très loin d'être satisfaisant !
Depuis l'éternité, l'homme a tout le pouvoir.
Pourquoi devrions-nous désormais partager ?
Crois-moi, l'heure n'est plus aux compromis
couards !
Point de démission, nous devons nous venger !

PARITÉ. — *Amusée.*
La mesure n'est pas ta grande qualité !
Par ton excès d'ardeur pourrais-tu l'apeurer...
Je crains qu'à trop vouloir, on ne soit débouté !
Mon dessein est moins grand, mais je peux
l'assurer...

MISANDRE. — *Souriante.*
Mais je suis réaliste, et sais qu'à mon projet
Faudrait-il un miracle ou la révolution !
Néanmoins, mon combat évite le rejet,
Par pis-aller utile, à tes propositions !

PARITÉ. — *Désignant quelque chose au loin.*
Du palais d'Élysée voici le beau portique.
Mais ne serait-ce point Olympe qui le quitte ?

MISANDRE. — *Grimaçante.*

C'est bien cette potiche à la pompeuse allure !
Elle avance vers nous, faisons bonne figure.

SCÈNE 2

*Olympe approche des deux femmes, et leur coupe la
parole au moment où celles-ci semblent vouloir parler.*

OLYMPE. —
Mesdames, je crains fort de vous désenchanter.

MISANDRE. — *Surprise.*
Pourquoi dis-tu cela ?

PARITÉ. —
                          Que vas-tu nous apprendre ?

OLYMPE. —
Qu'il vous faudra, hélas !, vos rendez-vous sus-
pendre :
Votre cher Élysée s'est fait exécuter.

PARITÉ. —
Notre Élysée ?

MISANDRE. —

> Assassiné ?

PARITÉ. —

> > En es-tu sûre ?

OLYMPE. —
J'ai pu voir son cadavre ainsi que vos figures.
Il a rendu soupir voilà bien moins d'une heure.
Il règne en son palais une cohue majeure !

PARITÉ. — *Ébranlée.*
C'est toute la nation qui sera secouée !
Nous sommes matelots d'un navire échoué !
En dépit des efforts, la discorde persiste...
Cela sonne le glas des espoirs féministes.

MISANDRE. — *Songeuse.*
Pas aussi sûrement que tu pourrais le croire...
J'aperçois une issue pour nos projets asseoir.

PARITÉ. —
Que veux-tu dire là ? L'avenir est bien sombre...
Élysée fut de loin notre meilleur allié,

Corruptible et bien prompt à honorer dans l'ombre

De nous toute exigence et caprice insensé !

OLYMPE. —
C'est ce qu'il me semblait...

MISANDRE. —

Allons, reprends-toi vite !
Ne vois-tu pas venir le pouvoir à l'encan ?
Nous avons l'ambition et le siège est vacant !
Répondons à l'appel que notre espoir suscite !

PARITÉ. — *Les yeux pleins d'espoir.*
Pourrions-nous alors en profiter d'emblée ?
Pourrions-nous avoir ce que nos cœurs réclament ?

MISANDRE. —
L'occasion est trop belle : allons à l'Assemblée !
Allons mettre au pouvoir la meilleure des femmes !

Olympe quitte les lieux, tandis que Misandre et Parité partent vers l'Assemblée.

Acte V

Scène 1

Sur les bancs de l'Assemblée, quelques députés se rassemblent dans une confusion joyeuse.

UN DÉPUTÉ. — *S'adressant à ses compagnons.*
Pourquoi les hommes seuls furent ici conduits ?
Quelle est donc la raison de l'assemblée secrète ?

LE PATRIARCAT. — *Se détachant du groupe et parlant d'une voix forte.*
Si, messieurs, en ce jour vous ai-je réunis,
C'est pour vous aviser d'un danger qui nous guette.

UN DÉPUTÉ. — *Moqueur.*
Soit ! Parle prestement : le repas nous attend !

LE PATRIARCAT. — *Cinglant.*
Ton ventre est avisé, mais que dit ton derrière ?
Serait-il alarmé par un risque latent ?
Car sa place en ces bancs à l'abri n'est plus guère.

UN DÉPUTÉ. —

Tes mots sont sibyllins ; qui donc veut notre
place ?

LE PATRIARCAT. — *Théâtral.*
Seriez-vous donc aveugle à la sourde menace ?
Ne percevez-vous point cet insidieux essor,
Depuis quelques années, d'une étreinte féline ?
L'avouer aujourd'hui ne sera plus un tort :
Notre ennemi, messieurs, est la gent féminine.

UN DÉPUTÉ. — *Après un silence réfléchi.*
Il est vrai que leur nombre a bien crû dans ces
lieux...

LE PATRIARCAT. —
Et surtout le pouvoir cautionne tous leurs vœux !
Les femmes s'insinuent dans toutes nos affaires,
Et veulent s'attaquer à nos prérogatives !
Dites-moi, mes amis, les laisserons-nous faire ?

UN DÉPUTÉ. — *Couvrant le tumulte naissant.*
Il faut cesser cela ! Les femmes sont fautives !

UN AUTRE DÉPUTÉ. —
Exactement, Monsieur ! Une députée peut,
Se plaçant en victime, imposer tous ses vœux !

ENCORE UN AUTRE. —
À bien les écouter, il faudrait tout refaire :
Le quota paritaire et même la grammaire !

LE PATRIARCAT. — *Hurlant et gesticulant.*
Ce progrès féminin va nous émasculer !
Il faut sauvegarder notre virilité !

LES DÉPUTÉS. — *En chœur.*
Vérité que voilà ! Reprenons notre droit !

UN DÉPUTÉ. —
Et que proposes-tu, pour défaire cela ?

LE PATRIARCAT. — *Montrant ses mains en signe d'apaisement.*
Eh bien, je vais parler ; cessons là le mystère.
Pour regagner nos droits, il faut nous abstenir...

Un Député. —
Nous abstenir ? De quoi ?

Le Patriarcat. —
De nos vieilles rombières !
Plus de fornication : il faut vous retenir,
Quitter leur lit douillet, et ceux de vos maîtresses !
Eh bien ? Que sont ces moues, ces grimaces, ces larmes ?
Êtes-vous sexe fort ou empli de faiblesses ?

Un Député. — *Tête baissée.*
Pour livrer tel combat sommes-nous privés d'armes !
Tu sais bien qu'en amour, la femme est toujours maître.
C'est là notre faiblesse, il faudra bien l'admettre !

Le Patriarcat. —
Si tel est justement notre talon d'Achille,
Plongeons-le dans le Styx de nos âmes viriles !
Cessons d'être disciple, et prenons le contrôle :
Nous nous refuserons, tant qu'à jouer leur rôle.
Lorsque le soir venu vous retrouvez au lit

Votre femme chérie prête à toute folie,
Elle peut exercer, suivant là ses consignes,
Sur vous forte pression, influence maligne !
Méfions-nous de leur air faussement angélique,
Il faut nous libérer de l'étau maléfique !
Du guerrier Héraclès sommes-nous épigones,
Remettons aux fourneaux toutes ces amazones !

Un Député. —
Oui, mais n'aurais-tu point une autre solution ?
Je ne puis me résoudre à prêter ce serment.

Le Patriarcat. —
Si le sexe devient arme de soumission,
Il faut un bouclier fait de renoncement !

Un Député. —
Même si nous jurons, nous sommes peu nombreux !

Le Patriarcat. —
Mais vous donnez l'exemple aux yeux des électeurs ;
Les indécis suivront un serment courageux !

Un Député. — *S'adressant à ses pairs.*
Son discours tient debout ; je penche en sa
faveur...

Le Patriarcat. —
Ne sous-estimez point la vilénie des femmes !
La reine Cléopâtre était meneuse d'âmes :
Marc-Antoine et César furent amoureux d'elle.
Le premier, sous sa coupe, a trahi sa patrie ;
Le second, raisonnable, en fit simple égérie
D'un triomphe élevant sa gloire personnelle...
Choisissez un destin : être Antoine ou César !
Ne changez pas l'État en géant lupanar...

Un Député. —
Tu sais nous parler juste...

Les Autres Députés. —
                              Nous prêterons serment !

Le Patriarcat. —
Alors levez la main, et dites après moi :
« Les femmes ne pourront m'avoir aucune-
ment, »

Un Député. — *Hésitant.*

« Les femmes ne pourront »... Mon Dieu, quel désarroi !

Le Patriarcat. —
Cessez vos simagrées ! Répétez maintenant !

Les Députés. — *En chœur.*

« Les femmes ne pourront m'avoir aucunement, »

Le Patriarcat. —
« Et chez moi mènerai-je une vie des plus chastes, »

Les Députés. — *En chœur.*
« Et chez moi mènerai-je une vie des plus chastes, »

Le Patriarcat. —
« Tant qu'à sa valeur juste, aux postes de pouvoir,
La mâle proportion ne sera rétablie ! »

Les Députés. — *En chœur.*
« Tant qu'à sa valeur juste, aux postes de pouvoir,
La mâle proportion ne sera rétablie ! »

Le Patriarcat. —
Parfait ! Le jurez-vous ?

Les Députés. — *En chœur.*
                    Oui, nous te le jurons !

Le Patriarcat. — *Satisfait.*
Nous mettrons tous ensemble un terme, pour de bon,
    À cette comédie que la raison réprouve !

Un Député. — *Pointant l'autre bout de la salle.*
Regardez qui voilà ! Quand on parle des louves...

SCÈNE 2

Misandre et Parité, accompagnées de députées, entrent dans l'Assemblée et se campent face aux députés masculins.

MISANDRE. — *Dédaigneuse.*
Oh ! Voyez-vous cela ? Quelle mâle assemblée !
Serait-ce un rituel du dieu Testostérone ?
Vous réunissez-vous pour calmer vos hormones ?
Les députées ricanent, moqueuses.
Mais cela tombe bien ; nos désirs sont comblés.

LE PATRIARCAT. —
Vous ne pouviez, ma chère, arriver plus à pic :
Nous avions un message à vous rendre public.

PARITÉ. — *Coupant la parole du Patriarcat.*
Attendez seulement d'apprendre la nouvelle :
Élysée, ce matin, s'est fait assassiner.

Les députés poussent un cri d'effroi.

Le Patriarcat. — *Interloqué, se parlant à lui-même.*
Ce ne devait pourtant qu'être chaste querelle...

Un Député. —
Quel est donc le coupable ?

Un Autre Député. —
　　　　　　　　Nous devons le venger !

Le Patriarcat. — *S'étant repris.*
Il nous faut tout d'abord sauvegarder l'État :
Nous devons désormais pourvoir un président.

Un Député. —
La constitution prévoit un remplaçant,
C'est celui qui préside au siège du Sénat !

Misandre. —
C'est pour cette raison que nous sommes venues :
Il faut du changement, non ce qui est prévu.
Nous prenons le pouvoir, en toutes les instances,
Et pour vous vient le temps de prendre vos distances !

Le Patriarcat. — *Éclatant de rire.*
Pardon ? Que dites-vous ? Quelle ironie comique !
Nous venons justement de tous prêter serment,
Afin de supprimer, sans possible supplique,
À vos ambitions l'illicite ferment !

Misandre. — *S'adressant aux députées derrière
elle.*
Entendez-vous cela ? Voulez-vous revenir
Au rôle réducteur qu'ils veulent nous donner ?
*Les députées crient leur refus. Misandre revient
vers le Patriarcat.*
Les femmes ne sont plus serves à vos désirs !
Notre temps est venu ; nous allons gouverner.

Le Patriarcat. — *S'énervant.*
J'aime mieux voir la femme à l'ouvrage d'aiguille
Que d'entendre sa voix parler de politique !
Malgré tous vos souhaits d'autorité publique,
Vos pensées ne seront jamais que des vétilles !

Parité. — *Horrifiée.*
Sans masque, votre haine atteste nos soupçons...
Votre misogynie me donne des frissons.

MISANDRE. — *Posant une main apaisante sur le bras de Parité.*

Leurs cris ne seront rien contre notre victoire.
Je fais cette prière, athée, républicaine :
Par notre volonté, que notre règne vienne,
Donnons-nous aujourd'hui la puissance et la gloire,
Brisons nos offenseurs, comme nous offensons,
Et soumettons les tous à la tentation.
Par le matriarcat, délivrons-nous des mâles !

UN DÉPUTÉ. — *À ses voisins.*
Mais qui est-elle donc, cette femme fatale ?

UN AUTRE DÉPUTÉ. — *Lui répondant.*
Du courant féministe elle est le chef de file.

MISANDRE. — *S'adressant aux deux députés, belliqueuse.*
Je ne suis pas le chef, mais *la* cheffe de file !

LE PATRIARCAT. —
Vos plans de tentation sont vains par nos serments !

Vos malheureux projets d'avenir gynocrate
Tomberont dans l'oubli d'un État phallocrate !
Vos vignes de fureur n'auront plus de sarment !

MISANDRE. —
Il ne vous sert de rien à pavaner ainsi ;
Votre faiblesse aura raison de vos paroles !
Malgré l'engagement de vos cœurs endurcis,
Vous fléchirez devant quelques tenues frivoles !

LE PATRIARCAT. —
Ne mésestimez point la parole d'honneur,
Elle tiendra rempart face à vos vils desseins !
Ces projets dévoilés d'empire féminin
Justifient d'autre part mon rôle sermonneur !
À la réflexion, je vois clair comme en eau :
Vos sermons venimeux ne sont pas les propos
De femmes en courroux, mais de femmes en rut !

MISANDRE. —
Vous n'êtes qu'une brute !

LE PATRIARCAT. — *Moqueur.*
                    Vouliez-vous dire *un* brut ?

(Les députés s'esclaffent.)
Une correction vous ferait un grand bien,
Pour calmer vos esprits, les mettre en droit che-
min !

Parité. —
Je ne souffre d'ouïr toutes vos inepties !

Misandre. —
N'entre pas dans son jeu, tu en connais les règles...
(S'adressant aux députés masculins.)
Votre Empire est perdu, car je suis Zénobie !
Je prendrai le pouvoir et détruirai vos aigles !

Les députés, surpris, restent cois.

Le Patriarcat. — *Balayant d'un revers de main.*
Rien qu'une usurpatrice, aux rêves tyranniques !
Il ne m'étonne point que vous preniez réplique...
Mais essayez plutôt d'imiter Pénélope,
Bonne et fidèle épouse, acquise aux convenances !

Les députées poussent un cri d'effroi.

PARITÉ. — *Défaillante.*
Votre mépris me mène au bord de la syncope,
Je ne puis dégainer mon sabre d'insolence...

MISANDRE. — *Les dents et les poings serrés.*
Le mien fend déjà l'air, pour trancher le fermoir
Qui lie ces potentats au confort du pouvoir !

*Échangeant un regard de haine, Misandre et Le
Patriarcat se laissent envelopper d'un tumulte naissant
entre députés des deux sexes, rejetant les uns sur les
autres des cris de colère et de mépris.*

Scène 3

Alors que les députés s'écharpent à grands bruits,
les deux Consciences se retrouvent et observent la scène.

La Consciente juste. —
Les dames, désormais, exigent les affaires...
Rien de plus justifié, sauf à prêter valeur
À cette volonté d'apanage vengeur !
Serait-ce encor le sceau de tes projets vulgaires ?

La Consciente injuste. —
Tu me prêtes récolte aucunement semée !
Je n'ai point déclenché ce fleuve d'égéries
Qui cherche à renverser la mâle hégémonie !
Mais j'eus aimé, j'avoue, en avoir eu l'idée...
Ce courant novateur est empli de promesses
Pour mettre encore plus toutes normes en pièces !

LA CONSCIENTE JUSTE. —
C'est bien ce qui m'effraie, dans leurs airs va-t-en-guerre :
Elles sont animées d'ambitions délétères.

LA CONSCIENTE INJUSTE. —
Tu parais bien hostile au combat féministe...
Serais-tu donc d'accord avec le camp machiste ?

LA CONSCIENTE JUSTE. —
Tu voudrais me forcer à prêter allégeance,
Mais je ne suivrai pas tes folles manigances !
L'extrême féminisme est un mauvais combat :
Il concentre l'effort sur les appellations,
Quand devrait se livrer un utile débat
Sur l'équité d'accès à toutes les fonctions !
Mais l'option phallocrate est un choix illusoire :
Les hommes ameutés retrouvent leurs instincts,
Et ne laissent de place aux sentiments humains.
Aucun belligérant ne mérite victoire !

LA CONSCIENTE INJUSTE. —
Ce n'est point en tenant d'impartiaux discours
Qu'ils entendront raison ; la haine les rend
sourds...

LA CONSCIENTE JUSTE. — *Après un temps de réflexion.*

Je vais chercher Olympe, elle va les calmer.

LA CONSCIENTE INJUSTE. —
Oui, quelle bonne idée ! Elle sera lynchée !

LA CONSCIENTE JUSTE. — *Observant de travers la Conscience injuste.*

L'infâme vilenie n'aura jamais de fin...
Il me faut revenir tout de suite aux affaires.

La Conscience juste saute sur la Conscience injuste et lui lie les bras à un pilier avec la cordelette de son corsage.

LA CONSCIENTE INJUSTE. — *Surprise.*
Hé ! Mais que fais-tu là ?

LA CONSCIENTE JUSTE. —

Je réagis enfin,
Et t'empêche d'œuvrer telle une sorcière !

La Conscience juste s'empare de son bonnet phrygien pour bâillonner son contraire, puis quitte la pièce.

Scène 4

La Conscience juste revient avec Olympe, qui découvre la scène de heurts entre députés et députées.

OLYMPE. —
Mais que se passe-t-il en de si nobles lieux ?
De vous blâmer ainsi n'êtes-vous point honteux ?
Êtes-vous conscients, à travers la colère,
Que notre État n'est plus, qu'il faut un renouveau ?

MISANDRE. —
Tente donc de l'apprendre à ces mâles rustauds !
L'évidente raison ne les anime guère.

LE PATRIARCAT. —
Car elle n'est que vôtre ! En des temps si troublés,
Nous pensons à l'État, au chef qu'il faut pourvoir,
Non à l'occasion d'accéder au pouvoir !

Une Députée. —
Évidemment ! Vous tous êtes déjà sanglés !

La Consciente juste. — *S'adressant à Olympe.*
Je vous ai prévenue : tant ont-ils de rancune
Que le sens du devoir leur fait cruel défaut !

Misandre. — *Relançant le débat.*
Nous détenons le droit d'aller sur l'échafaud ;
Il nous faut donc celui d'aller à la Tribune !

Une Députée. —
C'est là que nous aurons nos moments les meilleurs !

Le Patriarcat. —
Les femmes, croyez-moi, n'ont que deux belles heures :
L'une se passe au lit, l'autre annonce leur mort !
Je vous l'ai déjà dit : vous avez mal abord
De tous les pugilats de l'arène publique !

PARITÉ. —
En plus d'être un goujat, vous êtes un sadique !

OLYMPE. — *S'adressant à tous les protagonistes.*
Quand cesserez-vous donc de nourrir le clivage ?
Un rejet si complet ne mène à rien de beau :
Vous ne pourrez tout faire entre sexes égaux !
Prenez plutôt modèle auprès du mariage :
Observez la magie que produit la famille !
L'unisson sonne creux, tandis que l'accord brille !

MISANDRE. —
Ce *Diktat* paternel ? C'est notre plus vieux drame !
Création masculine aux dépens de la femme !

OLYMPE. —
En êtes-vous si sûre ? À l'aune de l'Histoire,
L'homme semble obéir bien plus qu'il ne domine,
Dès que s'oppose à lui belle et ferme poitrine !
Ce modèle ancestral devrait pourtant vous seoir :
Il exige en effet tant de femmes que d'hommes !

PARITÉ. —

Encore faudrait-il que les tâches de table
Fassent toujours l'objet d'un partage équitable,
Et non que toute femme en soit bête de somme !

OLYMPE. —

Un bien bel argument…. Faites-vous ce vœu
vôtre ?
Vous cherchez à tout prix l'un à détrôner l'autre,
Alors que l'unité vous rendrait bien plus forts.
Vos vœux de parité, de monopole, ont torts :
La bonne solution me semble plus complexe.
À quoi bon l'irrespect des brutes variantes ?
Pourquoi n'acceptez-vous que les meilleurs
régentent
Sans se préoccuper de quotas et de sexe ?
Renoncez à l'orgueil, à votre hégémonie,
Et nous pourrions vivre en parfaite harmonie !

*Plusieurs députés, des deux camps, se rassemblent
derrière Olympe.*

UN DÉPUTÉ. —

Qui vous dicte cela ?

OLYMPE. —

Une droite morale.

LA CONSCIENTE JUSTE. — *Moqueuse.*
Et non les errements d'un gauche jugement...

MISANDRE. — *Rageuse.*
Qu'importe l'harmonie, place à l'affrontement !

LE PATRIARCAT. —
Las ! Oubliez la guerre, elle appartient aux mâles.
Votre état naturel est la maternité !

MISANDRE. —
Le pouvoir nous est clos depuis l'éternité
Par cette obsession de nous remplir le ventre,
Sans demander d'avis, à la grâce des dieux !
Bienheureux compromis, désormais l'on éventre...
On a donc des enfants si l'on veut, quand on veut !

*Certains députés regagnent leur place derrière
leur champion.*

OLYMPE. —

C'est là ce que l'on nomme aujourd'hui le progrès ?

LA CONSCIENTE JUSTE. —
J'ai peur qu'il soit suivi de bien amers regrets…

PARITÉ. — *S'adressant à Olympe.*
Tu portes le prénom de la première femme
Ayant osé défier la dictature infâme
D'un système soumis aux lois patriarcales.
Tu ne vas pas nous dire, en dépit des combats,
Que tu veux t'opposer à ce droit libéral ?

OLYMPE. —
Je ne m'oppose point en lui-même à ce droit,
Mais à sa mutation en droit fondamental.
Car la loi d'origine était vue comme une aide,
Non comme un pis-aller à l'usage banal !
Supprimer le problème est souvent un remède,
Mais dans le cas présent, le problème est une âme…
Il est très différent de permettre une loi
Créée pour soutenir la détresse des femmes,
Et de favoriser le recours à ce droit

De supprimer de gré le fruit de nos entrailles !
Un tel acte est très loin d'être chose ordinaire,
Pourquoi l'avoir privé d'un examen primaire ?
Plutôt que d'encenser de telles funérailles,
Le pouvoir doit aider les mères en détresse,
Leur donner les moyens d'assumer leur grossesse.
On présente l'affaire en progrès de nos sorts ;
Qu'importe l'habillage, au final c'est la mort.

Olympe gagne à nouveau l'attention de quelques
députés, rejoignant les rangs qui grossissent derrière elle.

MISANDRE. —
Soit ! Mais que fais-tu donc des métiers de ces
femmes ?
Le risque de grossesse obère nos carrières !
Voudrais-tu nous restreindre à la fonction de
mère ?

OLYMPE. —
Pourquoi de votre vie dicterais-je la trame ?
Au contraire voudrais-je inspirer l'alternance :
Nous devrions pouvoir être libre du choix
D'une longue carrière ou de la gouvernance !

Vous prônez le modèle unique de l'emploi ;
Mais certaines voudraient œuvrer pour leur foyer !

Le Patriarcat. —
C'est cela : toute femme aux fourneaux employée !

Olympe. — *En colère, interpellant alternative-*
ment Misandre et Le Patriarcat.
Mais quand cesserez-vous vos provocations ?
C'est vous qui cultivez la source de discorde !
C'est bien vous qui créez de femmes nues les
hordes !
Et c'est vous qui menez l'homme en prostration !
Vous faites tort au mâle élégant et viril
En mettant en avant le rustre misogyne !
Vous portez préjudice aux femmes féminines,
Car vous encouragez tous ces conflits stériles !
Vous prétendez pouvoir guider la nation
Mais vous ignorez tout de sa cohésion !

Les députés des deux camps se rassemblent entiè-
rement derrière Olympe, laissant le Patriarcat et
Misandre seuls aux extrémités.

Un Député. — *S'adressant à ses pairs.*
Et pourquoi ne pas mettre Olympe à l'Élysée ?

La Consciente juste. —
Voici, finalement, des paroles sensées !

Le Patriarcat. — *Exagérant l'indignation.*
Un peu de sérieux ! C'est tout juste utopique !

Une Députée. — *S'adressant au Patriarcat.*
C'est un nouveau sursaut de votre loi salique ?

Olympe. — *Apeurée.*
Cessez, je vous en prie... Vous creusez mon tombeau !
Jamais je ne pourrais assumer ce fardeau...

Une Députée. — *Posant une main sur l'épaule d'Olympe.*
C'est pourquoi vous devez accepter d'y pourvoir :
L'ambition a longtemps gangrené le pouvoir,
Mais votre humilité présage un changement.

PARITÉ. — *Enthousiaste.*
Je ne pourrais rêver plus bel achèvement !

Le Patriarcat, sentant le vent tourner, quitte discrètement les lieux.

OLYMPE. —
Me croyez-vous vraiment digne de cet honneur ?

PARITÉ. —
D'autres, biens moins doués, n'eurent point
de pudeur...

MISANDRE. — *Affolée.*
Vous n'allez point ainsi vous laisser abuser ?
Ne suivez surtout pas la conscience roide
D'une réactionnaire aux desseins rétrogrades !
Quelle vieille morale allez-vous épouser ?

*Sans prêter attention à Misandre, les députés
entraînent Olympe hors de l'Assemblée, lui posant
mille questions.*
*La Conscience juste, voyant Misandre seule,
s'approche d'elle.*

La Conscience juste. —
Je vois que cette issue ne vous est suffisante...
N'avons-nous point enfin une femme régnante ?
Votre incessante guerre a de nobles allures,
Mais se nourrit de haine et de mauvais complexes !
Vous n'avez point de but, vous perdez en injures,
N'avez en résultat que la guerre des sexes...
Vous finirez par nuire à la féminité !

Misandre, le visage grimacé par la haine, quitte les lieux.
La Conscience juste, seule, apprécie la tournure des événements.

Nous aurons triomphé de ces hostilités...
Je me réjouis fort d'être remise en selle ;
Des pavés parisiens m'avaient mise à l'écart,
Près de cinquante années déclinant mes égards,
Mais un sursaut moral m'a réveillée rebelle !
Mes disciples zélés sont désormais alertes ;
Plus rien ne soumettra leurs voix redécouvertes !
L'avenir me paraît soudain moralisé...

*La Conscience juste s'arrête un instant, rêveuse,
le sourire aux lèvres.*

Quel merveilleux destin : Olympe à l'Élysée !

« l'ambition individuelle est une passion enfantine. »

Charles De Gaulle. Propos recueillis par André Malraux dans *Les Chênes qu'on abat*, 1971.

« C'est dans le gouvernement républicain que l'on a besoin de toute la puissance de l'éducation. La crainte des gouvernements despotiques naît d'elle-même parmi les menaces et le châtiments ; l'honneur des monarchies est favorisé par les passions, et les favorise à son tour : mais la vertu politique est un renoncement à soi-même, qui est toujours une chose très pénible.

On peut définir cette vertu, l'amour des lois et de la patrie. Cet amour, demandant une préférence continuelle de l'intérêt public au sien propre, donne toutes les vertus particulières : elles ne sont que cette préférence. »

Montesquieu, *l'Esprit des lois*, livre IV, extrait du chapitre V, 1748.

« Au fond des victoires d'Alexandre on retrouve toujours Aristote. »

Charles De Gaulle, *Vers l'armée de métier*, 1934.

« Nous avons dit que les lois étaient des institutions particulières et précises du législateur, et les mœurs et les manières des institutions de sa nation en général. De là, il suit que, lorsque l'on veut changer les mœurs et les manières, il ne faut pas les changer par les lois, cela paraîtrait trop tyrannique : il vaut mieux les changer par d'autres mœurs et d'autres manières. Ainsi, lorsqu'un prince veut faire de grands changements dans sa nation, il faut qu'il réforme par les lois ce qui est établi par les lois, et qu'il change par les manières ce qui est établi par les manières : et c'est une très mauvaise politique, de changer par les lois ce qui doit être changé par les manières. »

Montesquieu, *L'Esprit des lois*, Livre XX, extrait du chapitre XIV, 1748.

« On gouverne mieux les hommes par leurs vices que par leurs vertus. »

Napoléon, 1810, *in* Lucian Regenbogen, *Napoléon a dit*.

« La bonne politique est de faire croire aux peuples qu'ils sont libres. »

Napoléon, 1800, *in* Lucian Regenbogen, *Napoléon a dit*.

« Mon but, c'est d'organiser l'humanité sans Dieu et sans roi. »

Jules Ferry, cité par Jean Jaurès dans *Préface aux discours parlementaires*, 1904.

« Le peuple donne son sang et son argent, moyennant quoi on le mène. »

Victor Hugo, *L'homme qui rit*, 1869.

« Toute forme de mépris, si elle intervient en politique, prépare ou instaure le fascisme. »

Albert Camus, *L'homme révolté*, 1951.

« Pour donner la liberté du choix, il faut être capable d'arracher l'élève à tous les déterminismes, familial, ethnique, social, intellectuel, pour après faire un choix. »

Vincent Peillon, interview dans le JDD du 1er septembre 2012.

« Les peuples passent,les trônes s'écroulent, l'Église demeure. » Napoléon, 1820, *in* Lucian Regenbogen, *Napoléon a dit*.

« Il est juste que ce qui est juste soit suivi, il est nécessaire que ce qui est le plus fort soit suivi. La justice sans la force est impuissante ; la force sans la justice est tyrannique. La justice sans force est contredite, parce qu'il y a toujours des méchants ; la force sans justice est accusée. Il faut donc mettre ensemble la justice et la force, et, pour cela, faire que ce qui est juste soit fort ou que ce qui est fort soit juste. »
Pascal, *Pensées*, 1669.

« Science sans conscience n'est que ruine de l'âme. »
Rabelais, *Pantagruel*,1532.

« L'excès de liberté ne peut tourner qu'en excès de servitude pour un particulier aussi bien que pour un état. »
Platon, *La République*.

« La fraternité n'a pas ici-bas de pire ennemi que l'égalité. »

Gustave Thibon, *Diagnostics*, 1940.

« Une nation est donc une grande solidarité, constituée par le sentiment des sacrifices qu'on a faits et de ceux qu'on est disposé à faire encore. Elle suppose un passé ; elle se résume pourtant dans le présent par un fait tangible : le consentement, le désir clairement exprimé de continuer la vie commune. L'existence d'une nation est (pardonnez-moi cette métaphore) un plébiscite de tous les jours, comme l'existence de l'individu est une affirmation perpétuelle de vie. »

Ernest Renan, discours *Qu'est-ce qu'une nation ?*, 1882.

« Je veux imaginer sous quels traits nouveaux le despotisme pourrait se produire dans le monde : je vois une foule innombrable d'hommes semblables et égaux qui tournent sans repos sur eux-mêmes pour se procurer de petits et vulgaires plaisirs, dont ils emplissent leur âme. Chacun d'eux, retiré à l'écart, est comme étranger à la destinée de tous les autres :

ses enfants et ses amis particuliers forment pour lui toute l'espèce humaine ; quant au demeurant de ses concitoyens, il est à côté d'eux, mais il ne les voit pas ; il les touche et ne les sent point ; il n'existe qu'en lui-même et pour lui seul, et s'il lui reste encore une famille, on peut dire du moins qu'il n'a plus de patrie.

Au-dessus de ceux-la s'élève un pouvoir immense et tutélaire, qui se charge seul d'assurer leur jouissance et de veiller sur leur sort. Il est absolu, détaillé, régulier, prévoyant et doux. Il ressemblerait à la puissance paternelle si, comme elle, il avait pour objet de préparer les hommes à l'âge viril ; mais il ne cherche, au contraire, qu'à les fixer irrévocablement dans l'enfance ; il aime que les citoyens se réjouissent, pourvu qu'ils ne songent qu'à se réjouir. Il travaille volontiers à leur bonheur ; mais il veut en être l'unique agent et le seul arbitre ; il pourvoit à leur sécurité, prévoit et assure leurs besoins, facilite leurs plaisirs, conduit leurs principales affaires, dirige leur industrie, règle leurs successions, divise leurs héritages ; que ne peut-il leur ôter entièrement le trouble de penser et la peine de vivre ?

C'est ainsi que tous les jours il rend moins utile et plus rare l'emploi du libre arbitre ; qu'il renferme l'action de la volonté dans un plus petit espace, et dérobe peu a peu chaque citoyen jusqu'à l'usage de lui-même. L'égalité a préparé les hommes à toutes ces choses : elle les a disposés à les souffrir et souvent même à les regarder comme un bienfait. »

Alexis de Tocqueville, *De la démocratie en Amérique*, volume II, quatrième partie, extrait du chapitre VI, 1840.

« Ceux qui sont prêts à abandonner une liberté fondamentale, pour obtenir temporairement un peu de sécurité, ne méritent ni la liberté ni la sécurité. »

Attribué à Benjamin Franklin en 1775.

« Au-dedans, l'ordre, sans sacrifice pour la liberté ; au-dehors, la paix, sans qu'il en coûte rien à l'honneur. »

Casimir Perier, discours de campagne du 13 mars 1831.

« La force de la cité ne réside ni dans ses remparts, ni dans ses vaisseaux, mais dans le caractère de ses citoyens. »

Thucydide, *la guerre du Péloponnèse*.

« Qui desiderat pacem, praeparet bellum »
(qui veut la paix prépare la guerre)
Végèce, *Epitoma rei militaris.*

« Le soleil de la civilisation ne peut jamais briller sur le monde entier en même temps. »
Winston Churchill, *la guerre du Malakand*, 1897.

« Je suis Charlie à 100 %. J'ai envie qu'on bouffe tous du curé. »
Interview d'Aurélie Filipetti dans le magazine Marianne du 14 janvier 2015, suite à l'attentat au siège du magazine Charlie Hebdo.

« Le seul dénominateur commun aux terroristes, c'est l'Islam. »
Zineb El Rhazoui, journaliste de Charlie Hebdo, parlant des attentats en France depuis 2015 lors d'une interview sur RTL le 1er août 2016.

« Le pire accueil est de les ghettoïser alors qu'il faut au contraire les intégrer. »
Le pape François à propos des migrants dans une interview au journal La Croix le 16 mai 2016.

« Panem et circences » (du pain et des jeux)
Juvénal, *Satires,* livre X.

« Rendez à César ce qui est à César, et à Dieu
ce qui est à Dieu. »
Paroles du Christ dans l'évangile selon saint-
Luc, Luc 20:25.

« Une femme qui couche avec son mari exerce
toujours une influence sur lui. »
Napoléon, 1816, *in* Lucian Regenbogen,
Napoléon a dit.

« Il vaut mieux que les femmes travaillent de
l'aiguille que de la langue, surtout pour se mêler
d'affaires politiques. »
Napoléon, 1800, *in* Lucian Regenbogen,
Napoléon a dit.

« Les mains des femmes sont-elles bien faites
pour les pugilats de l'arène publique ? » le sénateur
français Bérard s'opposant en 1919 au projet de loi
ouvrant le droit de vote aux femmes.

« La femme, c'est du fiel. Mais elle a deux bonnes heures : l'une au lit, l'autre à la mort. »
Palladas, Anthologie Grecque, XI, 381. Mérimée en fait l'épitaphe de sa *Carmen*.

« La famille est une construction sociale créée par les hommes pour dominer les femmes. »
Roselyne Bachelot, janvier 2013.

« La femme naît libre et demeure égale à l'homme en droits. Les distinctions sociales ne peuvent être fondées que sur l'utilité commune. »
Olympe de Gouges, Déclaration des droits de la femme et de la citoyenne, article premier, 1791.

« Nul ne doit être inquiété pour ses opinions mêmes fondamentales, la femme a le droit de monter sur l'échafaud ; elle doit avoir également celui de monter à la Tribune, pourvu que ses manifestations ne troublent pas l'ordre public établi par la loi. »
Olympe de Gouges, Déclaration des droits de la femme et de la citoyenne, article X, 1791.

« La maternité est l'état naturel de la femme ;
la guerre est l'état naturel des mâles. »
René Quinton, *Maximes sur la guerre*, 1930.

« Un enfant si je veux quand je veux. »
Revendication féministe des manifestations de
mai 1968.

Aristophane

NUÉES

Extrait du Proâgon, vers 891 à 928.
Texte établi par Victor Coulon et traduit
par Hilaire Van Daele. Introduction et notes
par Silvia Milanezi, Les Belles Lettres,
« Classiques en poche », 2e tirage (2009), 2014.

Le Raisonnement juste. —
Avance ici ; montre-toi aux spectateurs, tout
hardi que tu es.

Le Raisonnement injuste. —
Va où tu voudras. Il me sera bien plus aisé, en
parlant devant la foule, de te perdre.

Le Raisonnement juste. —
Me perdre, toi ? Qui donc es-tu ?

LE RAISONNEMENT INJUSTE. —
Un raisonnement.

LE RAISONNEMENT JUSTE. —
Oui, le faible.

LE RAISONNEMENT INJUSTE. —
N'empêche que je triomphe de toi, qui te pré-
tends plus fort que moi.

LE RAISONNEMENT JUSTE. —
Par quel artifice ?

LE RAISONNEMENT INJUSTE. —
Par des maximes nouvelles que j'invente.

LE RAISONNEMENT JUSTE. —
Ces choses-là, en effet, fleurissent aujourd'hui,
(montrant les spectateurs) grâce à ces insensés-là.

LE RAISONNEMENT INJUSTE. —
Non pas insensés, mais sages.

LE RAISONNEMENT JUSTE. —
Je te perdrai misérablement.

LE RAISONNEMENT INJUSTE. —
Dis moi, en quoi faisant ?

LE RAISONNEMENT JUSTE. —
En disant ce qui est juste.

LE RAISONNEMENT INJUSTE. —
Mais je te renverserai en te réfutant. Et même je
nie absolument qu'il y ait une justice.

LE RAISONNEMENT JUSTE. —
Il n'y en a pas, dis-tu ?

LE RAISONNEMENT INJUSTE. —
Voyons, en effet, où y en a-t-il ?

LE RAISONNEMENT JUSTE. —
Chez les dieux.

LE RAISONNEMENT INJUSTE. —
Comment donc, s'il existe une justice, Zeus n'a-
t-il pas péri pour avoir enchaîné son père ?

LE RAISONNEMENT JUSTE. —
Pouah ! voilà déjà que le mal fait son effet :
donnez-moi une cuvette.

LE RAISONNEMENT INJUSTE. —
Tu es un vieil imbécile, un déséquilibré.

LE RAISONNEMENT JUSTE. —
Tu es un inverti, un effronté...

LE RAISONNEMENT INJUSTE. —
Des roses, ce que tu me dis là !

LE RAISONNEMENT JUSTE. —
... Un sacripant...

LE RAISONNEMENT INJUSTE. —
Tu me couronnes de lys.

LE RAISONNEMENT JUSTE. —
... Un parricide...

LE RAISONNEMENT INJUSTE. —
Tu me saupoudres d'or sans t'en douter.

LE RAISONNEMENT JUSTE. —
Ce n'est pas de l'or que je t'aurais donné autrefois, mais du plomb.

LE RAISONNEMENT INJUSTE. —
Cela m'est une parure.

LE RAISONNEMENT JUSTE. —
Tu es bien hardi.

LE RAISONNEMENT INJUSTE. —
Et toi, bien vieux jeu.

LE RAISONNEMENT JUSTE. —
À cause de toi, aucun adolescent ne veut fréquenter l'école. On saura un jour chez les Athéniens ce que tu enseignes aux pauvres d'esprit.

LE RAISONNEMENT INJUSTE. —
Tu végètes honteusement.

LE RAISONNEMENT JUSTE. —
Et toi, tu prospères. Pourtant, naguère, tu mendiais, te donnant pour un Télèphe Mysien et tirant

d'une petite besace, pour les grignoter, des maximes
à la Pandélétos.

LE RAISONNEMENT INJUSTE. —
Ah ! quelle sagesse...

LE RAISONNEMENT JUSTE. —
Ah ! quelle folie...

LE RAISONNEMENT INJUSTE. —
... que celle dont tu parles.

LE RAISONNEMENT JUSTE. —
... que la tienne et celle de la cité qui te nourrit,
corrupteur de la jeunesse.

ARISTOPHANE

LYSISTRATA

vers 93 à 237
Texte établi et traduit par Hilaire Van Daele.
Introduction et notes de Silvia Milanezi.
4ᵉ tirage (1996), 2014, Les Belles Lettres,
« Classiques en poche »

LAMPITO. —
Mais qui donc a convoqué cette assemblée de
femmes ?

LYSISTRATA. —
Me voici, c'est moi.

LAMPITO. —
Alors, raconte-nous ce que tu veux.

CLÉONICE. —

Oui, par Zeus, chère femme. Dis-nous enfin cette grave affaire qui t'occupe.

LYSISTRATA. —

Je vais la dire. Mais auparavant je vous poserai une question — une toute petite question.

CLÉONICE. —

Ce que tu voudras.

LYSISTRATA. —

Ne regrettez-vous pas les pères de vos petits enfants que le service retient loin de vous ? Car je sais bien que toutes vous avez un mari absent.

CLÉONICE. —

Pour ce qui est du mien, voilà cinq mois, misère ! qu'il est loin, en Thrace, à surveiller Eucratès.

MYRRHINE. —

Et le mien est depuis sept mois entiers à Pylos.

LAMPITO. —

Et le mien, s'il revient quelquefois de son régiment, a vite fait de reprendre le bouclier, de s'envoler et de disparaître.

LYSISTRATA. —

Et des galants, il n'en reste pas non plus, pas l'ombre d'un. Car depuis que nous avons été trahis par les Milésiens, je n'ai pas seulement vu un olisbos long de huit doigts qui eût pu nous soulager avec son cuir. Consentiriez-vous donc ; si je trouvais un expédient, à vous unir à moi pour mettre fin à la guerre ?

CLÉONICE. —

Par les deux déesses, moi en tout cas, j'en suis, quand je devrais mettre en gage l'encycle que voici et... en boire l'argent le jour même.

MYRRHINE. —

Et je consens, moi, quand j'en devrais paraître semblable à une plie, à me couper en long et à donner la moitié de moi-même.

LAMPITO. —

Et moi je monterais au sommet du Taygète, si je devais y voir la paix.

LYSISTRATA. —

Je vais parler, car il ne faut pas que la chose reste secrète. Nous avons, ô femmes, si nous voulons contraindre nos maris à faire la paix, à nous abstenir...

CLÉONICE. —
De quoi ? Dis.

LYSISTRATA. —
Le ferez-vous ?

CLÉONICE. —
Nous le ferons, dussions-nous mourir.

LYSISTRATA. —
Eh bien, il faut vous abstenir... du membre. — Pourquoi, dites-moi, vous détournez-vous ? Où allez-vous ? Hé, vous autres, pourquoi faites-vous la moue et hochez-vous la tête ? Pourquoi changer de couleur ? Pourquoi cette larme qui tombe ?

Le ferez-vous ou ne le ferez-vous pas ? Qu'est ce qui vous arrête ?

CLÉONICE. —
Je ne saurais le faire. Tant pis ; que la guerre suive son cours.

MYRRHINE. —
Par Zeus, moi non plus. Tant pis ; que la guerre suive son cours.

LYSISTRATA. —
C'est toi qui parles ainsi, ô plie, quand tu disais à l'instant que tu te couperais en long par la moitié ?

CLÉONICE. —
... Autre chose, ce que tu voudras. S'il me faut passer à travers le feu, je suis prête à marcher. Plutôt cela que le membre. Car il n'est rien de tel, ma chère Lysistrata.

LYSISTRATA. —
(*À Myrrhine.*) Et toi ?

MYRRHINE. —
Moi aussi j'irais à travers le feu.

LYSISTRATA. —
Ô sexe dissolu que le nôtre tout entier ! Ce n'est pas pour rien que de nous sont faites les tragédies. Car nous ne sommes que « Poséidon et bateau ». *(À Lampito.)* Mais, ma chère Laconnienne, — car si tu restes seule avec moi, nous pourrions encore tout sauver, — range-toi de mon avis.

LAMPITO. —
Il est bien pénible, par les Dioscures, pour des femmes de dormir sans un gland, toute seule. Cependant, oui, tout de même. Car de la paix aussi nous avons tant besoin.

LYSISTRATA. —
Ô ma bien chère, et la seule de celles-ci qui soit femme.

CLÉONICE. —
Et si, dans la mesure du possible, nous nous abstenions de ce que tu viens de dire — le ciel nous

en préserve ! — serait-ce plutôt là le moyen que se fasse la paix ?

LYSISTRATA. —

Tout à fait, par les deux déesses. Car si nous nous tenions chez nous, fardées, et si dans nos petites tuniques d'Amorgos nous entrions nues, le delta épilé, et quand nos maris en érection brûleraient de nous étreindre, si nous alors, au lieu de les accueillir, nous nous refusions, il feraient bientôt la paix, j'en suis sûre.

LAMPITO. —

Ainsi Ménélas, ayant reluqué les seins nus d'Hélène, lâcha, je crois, son épée.

CLÉONICE. —

Mais quoi, si nos maris nous laissent là, ma bonne ?

LYSISTRATA. —

Cramponne-toi aux portes.

CLÉONICE. —

Et s'ils nous battent ?

LYSISTRATA. —

Il faudra se prêter mal et de mauvaise grâce. Car il n'y a pas de plaisir en ces choses-là, si elles se font de force. Et, au surplus, il faut les faire souffrir : sois tranquille, bien vite ils en auront assez. Car jamais il n'y aura de jouissance pour un homme, s'il n'est pas d'accord avec sa femme.

CLÉONICE. —

Si c'est votre avis à toutes deux, c'est aussi le nôtre.

LAMPITO. —

Et nos hommes, nous leur persuaderons d'observer en tout une paix juste et loyale. Mais la cohue athénienne, comment lui persuader de ne pas extravaguer ?

LYSISTRATA. —

Sois tranquille, va ; nous saurons bien persuader les nôtres.

LAMPITO. —

Non, tant que leurs trières auront de quoi marcher et que l'inépuisable trésor sera près de la déesse.

LYSISTRATA. —

Mais cela aussi, on y a bien pourvu. Car nous nous emparerons de l'Acropole aujourd'hui. Les plus âgés ont reçu des ordres dans ce sens : pendant que nous sommes à nous concerter, sous couleur d'un sacrifice, elles doivent s'emparer de l'Acropole.

LAMPITO. —

Alors, tout va bien, car voilà encore une bonne parole.

LYSISTRATA. —

Pourquoi donc, Lampito, ne pas nous lier au plus tôt par un serment, pour que notre engagement soit inviolable ?

LAMPITO. —

Eh bien, fais voir le serment, comme nous allons jurer.

LYSISTRATA. —

Tu as raison. Où est la Scythe ? *(une Scythe, comme qui dirait une « sergote » se présente.)* Où regardes-tu ?

Pose ici devant nous le bouclier renversé, et qu'une de vous vienne me donner les pièces coupées.

CLÉONICE. —
Lysistrata, quel serment vas-tu bien nous faire jurer ?

LYSISTRATA. —
Lequel ? Sur un bouclier, comme on dit que fit Eschyle jadis, en égorgeant un mouton.

CLÉONICE. —
Gardes-toi, Lysistrata, de rien jurer sur un bouclier, quand il s'agit de la paix.

LYSISTRATA. —
Quel serment faire, alors ? Ou faut-il que nous prenions quelque part un cheval blanc pour lui découper les entrailles ?

CLÉONICE. —
Un cheval blanc ? À quoi penses-tu ?

LYSISTRATA. —

Allons, comment jurerons-nous ?

CLÉONICE. —

Je vais, par Zeus, te le dire, si tu veux. Posons là
une grande coupe noire renversée ; en fait de mouton,
égorgeons un pot de vin de Thasos et jurons sur la
coupe de ne point... y mêler d'eau.

LAMPITO. —

Ah ! Zeus ! Je ne saurais dire comme j'approuve
ce serment.

LYSISTRATA. —

Qu'on apporte une coupe à l'intérieur, et un
pot. *(C'est ce qui est fait.)*

CLÉONICE. —

Ah ! très chère femme, voilà une poterie ! Quelle
taille ! Cette coupe, rien qu'à la prendre, met en joie.

LYSISTRATA. —

(À celle qui vient d'apporter la coupe.) Dépose-là
et saisis-moi le verrat. Souveraine Persuasion, et toi,

coupe de l'amitié, agrée ce sacrifice et sois favorable aux femmes. *(Lysistrata verse le vin dans la coupe.)*

CLÉONICE. —
Quelle belle couleur a ce sang, et comme il jaillit à souhait !

LAMPITO. —
Et quel parfum délicieux, par Castor !

CLÉONICE. —
Permettez que la première, ô femmes,... je jure.

LYSISTRATA. —
Non, par Aphrodite, non à moins d'être désignée par le sort. Mettez toutes la main sur la coupe, Lampito. *(Elles obéissent.)* Et qu'une seule en votre nom répète ce que je vais dire. Vous jurerez après moi le même serment et le tiendrez pour inviolable. « Aucun homme au monde, ni amant, ni mari — »

CLÉONICE. —
« Aucun homme au monde, ni amant, ni mari — »

LYSISTRATA. —

« Ne s'approchera de moi en érection ».
(À Cléonice qui se tait.) Répète.

CLÉONICE. —

(D'une voix faible et hésitante.) « Ne s'approchera de moi en érection ». Ah ! Mes genoux se dérobent sous moi, Lysistrata.

LYSISTRATA. —
« Je vivrai chez moi sans homme »...

CLÉONICE. —
« Je vivrai chez moi sans homme »...

LYSISTRATA. —
« Vêtue de la crocote, et m'étant faite belle »...

CLÉONICE. —
« Vêtue de la crocote, et m'étant faite belle »...

LYSISTRATA. —
« Afin que mon mari brûle de désir pour moi »...

CLÉONICE. —

« Afin que mon mari brûle de désir pour moi »...

LYSISTRATA. —

« Et jamais de bon gré je ne céderai à mon mari »...

CLÉONICE. —

« Et jamais de bon gré je ne céderai à mon mari »...

LYSISTRATA. —

« Et si, malgré moi, il me fait violence »...

CLÉONICE. —

« Et si, malgré moi, il me fait violence »...

LYSISTRATA. —

... « Je me prêterai mal, sans me pousser contre lui ».

CLÉONICE. —

...« Je me prêterai mal, sans me pousser contre lui ».

LYSISTRATA. —
« Je n'élèverai pas au plancher mes persiques ».

CLÉONICE. —
« Je n'élèverai pas au plancher mes persiques ».

LYSISTRATA. —
« Je ne me poserai pas en lionne sur une râpe à fromage ».

CLÉONICE. —
« Je ne me poserai pas en lionne sur une râpe à fromage ».

LYSISTRATA. —
« Si je tiens mon serment, puissé-je boire de ce vin ».

CLÉONICE. —
« Si je tiens mon serment, puissé-je boire de ce vin ».

LYSISTRATA. —

« Si je l'enfreins, que cette coupe se remplisse
d'eau ».

CLÉONICE. —

« Si je l'enfreins, que cette coupe se remplisse
d'eau ».

LYSISTRATA. —
Le jurez-vous toutes ?

TOUTES. —
Oui, par Zeus.

TABLE DES MATIÈRES

Ce volume, le neuvième de la collection « Tibi »,
publié aux Éditions Les Belles Lettres,
a été achevé d'imprimer en janvier 2017
sur les presses
de l'imprimerie SEPEC 01960 Péronnas

numérique

Impression & brochage - France
Numéro d'impression : N05425161207- Achevé d'imprimer : Janvier 2017

IMPRIM'VERT®

Dépôt légal : février 2017
N° d'édition : 8462